600그램의 詩

600그램의 詩

신경윤 시집

봉트

「시인의 말」

나의 무게는 얼마나 될까

돼지고기 한 근 600g.

명절이 아니고서는 고기 먹을 기회가 없던 국민학교 그 시절. 고물장수였던 아버지는 우연히 부탁받은 다섯 자루의 무언가를 리어카로 운반해 준 대가로 돼지고기 한 근을 사셨다. 그리고 그 길로 열흘간의 유치장 생활을 하고 풀려나셨다. 돼지고기 한 근과 교환된, 장물의 공범이 된 가난한 가장의 무게. 아버지의 무게는 돼지고기 600g의 무게였을까.

그때 그 일이 60년이 지난 지금도 잊히지 않는다. 그렇다면 지금의 나의 무게는 얼마나 될까. 열심히 살았지만 아버지로부터의 삶을 그다지 발전시키지는 못한 것 같다. 하지만 글 쓰는 사람들을 존경했고 그런 사람이 되고 싶었다. 뒤돌아 볼 틈 없이 바쁘게 살아온 삶 속에서 머리를 스쳤던, 가슴을 치고 지나던 것들을 책으로 엮어내는 이 작업이 아버지의 무게 600g을 넘어서는 나의 또 다른 무게가 되어 줄 것이라 믿는다.

시詩라는 이름을 달아 모아진 한 편, 한 편의 글들이 한 권의 책이 되어 세상에 태어날 그날을 담담한 마음으로 기다려본다.

• 목차

PART Ⅱ

PART Ⅲ

PART Ⅳ

PART Ⅰ

밟혀 아프지 않은 것이 있으랴
비명마저 삭이는지 밟혀도 밟혀도
뽀드득 소리조차 들리지 않는 세상

-벚꽃 엔딩 中

새싹

뒤를 돌아보는 동장군 눈길이 여전한데
양지바른 담벼락 밑은
유치원 교실의 소란스러움

어디서 봄소식을 들었는지
담벼락 밑이 명당자리라는 것을 어떻게 알았는지
신통하기만 하다

눈치 없이 쪼그려 앉아 살피려는데
녀석들의 아우성
"아차" 싶어
얼른 그림자를 저 만큼 치워주었다

힘이 되는 것들

저 달이 믿음직스러운 것은
밤을 꼬박 지켜 주면서도
있는 듯 없는 듯 묵묵한 너그러움 때문이고

세상을 들었다 놨다 하는 저 태양이 고마운 것은
그래도
다시 시작하는 희망의 내일을 가져오기 때문이지

발돋움하고 또 해도 존재 없는
은하수 저 별들이 대견스러운 것은
그래도 꿈을 잃지 않고 반짝이는 눈물겨움 때문이지

옷깃을 여미는 3월

다른 느낌의 바람이
먹물처럼 스미며 전하는
곧 당도할 거라는 남쪽 소식

레지스탕스처럼
독립군처럼 암약하던
무쇠도 튕겨내던 땅 밑 세상은
환호歡呼로 가득하지만

짐을 꾸려야 할 겨울이
턱 밑 3월의 거리를
옷깃을 여미게 하며 탱크처럼 지나간다

쓰레기

신호가 바뀌어 대기를 하는데
타고 있던 사십 중반의 건장한 승객 셋 중 하나가
아따, 아저씨 대충 갑시다 하니 옆자리가 거든다
놔둬라. 뭐 하러 달려가나 가만히 있어도 미터기가 착착 올라
가는데
앞자리도 거든다
그만해라 우리 기사님도 먹고살아야지

사람인 줄 알았는데 쓰레기였다
냄새를 견딜 수 없어 달려가 원하는 곳에 패대기쳐 주었다
놈들은 쓰레기 되어 패대기쳐진 줄 꿈에도 모를 것이다

꽃샘바람

어느 사이 다가와
꽃망울 터뜨려 놓고 변심한 봄바람

되돌아갈 수도 없는데
3월이 고개를 넘었는데

다시 차가워진 봄바람에
마음 접고 돌아선 여인 같은
뒷산 능선稜線의 고개 돌린 진달래 모습

내리막

오르막으로 알았는데
내리막인가

내리막이야말로 힘이 필요하다는데
내리막을 위해
힘들어도 더 올라야 하는데

하루하루는 놓친 막차
떠오르는 아침 해는
벌써 다가오는 낭떠러지

오르막이라고 생각했는데
어느새
내리막을 걷고 있는 삶

휴머니즘

광덕산 하산下山 길

아직은 날이 찬데
날아와 계단에 앉는 파리 두 마리
캐터필러 같은 등산화 아래 닥칠 참사
해충, 생명, 구더기, 춘정春情...
순간의 단상斷想들

3월
그렇지 봄이지
미물이라고 봄이 봄 아니겠는가
춘정에 취한 놈들 위에서 휘청거린 등산화

놈들은 목숨을 건지고
인간은 깁스를 하고

-광덕산(209m) 안산 월피동 소재 산

이백李白 닮기

달 한번 바라보고
술 한 잔
또 한 번 바라보고
다시 한 잔

이백에게는
닿지도 않는 한 덩이 저 달도 안주 되었다는데
몸 익혀 보시하는 기름진 두 다리에
넘치게 부어진 맥주잔이 있음에야

몇 잔술이면 내 것 같은 세상
무엇 때문에 버둥대며 사는지

앞서가는 사람 부러워하기에도 지친
나머지 길에서는
이백의 시심詩心 닮은 복이 있기를

진달래

찬바람은 견뎌도
외로움은 견딜 수 없어

혼자도 부끄러워 외로 꼬았던 고개
다가오는 발자국 소리에 살며시
고개 돌려 방긋 웃는 진달래

봄소식에 서두른 꽃망울
찬바람에 움츠리다
인기척에 볼 빨개진 진달래가
뒷산 여기저기서 새색시처럼 눈을 맞춘다

춘설春雪

소리 없이 당도하는 반갑지 않은 손님의 한 밤
여기서 쩍
저기서도 쩍
삶을 가르는 나뭇가지들의 비명

4월에도 찾은 적 있다지만
이른 꽃 만발한 3월에 찾아온 손님

지쳐 찾은 사절의 무거운 몸을 견디는
봄 꿈을 꾸던 가지들

아침은 멀고
가물가물 가로등도 지친
춘설의 한 밤

봉기

밀약이 있었던 게 틀림없다
아니라면
기미년의 그 날처럼 봇물 터지듯 저렇게 일제히 들고 일어날
리 없다

철쭉인지 영산홍인지
분홍 꽃인지 다홍 꽃인지
주모자를 알 수 없는 사발통문

그냥 지나쳐 버릴 것 같은
연착한 열차처럼 내달리는 봄
조바심치며 기다려 왔던 날
스프링처럼 들고일어나
폭죽같이 터진 꽃들이여

철쭉도 영산홍도
분홍 꽃도 다홍 꽃도
화무십일홍이라거나 말거나

몽우리 활짝 펼쳐 환호하는 소리
영원히 살 것처럼 외치는 소리

만세
철쭉 만세
영산홍 만세

마량포에서

베어진 관창의 목을 돌려준 계백처럼
베어진 헥토르를 안은 프리아모스처럼
열에 다섯 쯤 그런 심정으로
아직은 살아있을 것 같은
동백꽃 몽우리 몇을
모체(母體) 앞에 가지런히 해 주었다

떨어져 뒹구는 분신들 앞에
속수무책인 모체의 안타까움이
인간과 무엇이 다를까 싶었기에

하룻강아지의 승勝

여행용 가방 베개 삼아 오수에 빠진
반질반질
두터운 패딩의 벤치 사내에게 다가가는 풍선을 쥔 아이

문득
눈을 뜬 사내의 눈과 여지없이 부딪친 눈
일순 멈춘 세상
튀는 불꽃
승패에는 얼마만큼의 시간이 필요한 것인가
생각보다 매우 길었던 기氣 싸움

호랑이가 무서우랴
아이는 다가서고
사내는 부랴부랴 가방의 새우깡 반 봉지로
아이를 물리친다

의기양양
아이가 한눈팔던 엄마에게 뒤뚱거리며 달려가는
사월의 공원

진화라구요?

긴 다리가 지고至高의 가치인 시대
오종종 바쁜 걸음
가치에 반하는 불행한 놈들 중 하나
어쩌자고 다리가 저리도 짧은 걸까
혀도 땅에 닿을 듯
허리는 왜 또 그리도 긴 것일까
다리가 생기다 말았으니 허리라도 길어야 했을까

주인과 산책하던 닥스훈트가
헐떡이며 외친다
"진화는 허구예요. 말도 안 되는 소리라구요!"

-닥스훈트: 독일산 견종 중 하나

향일암 동백꽃

넓고 넓은 세상의
절벽 틈
저 아래 시퍼런 바다를 내려다보던 꽃망울들

하나가 까마득히 몸을 던지자
뒤따르는 망설이던 몇

향하는 죽음의 사이
천국
지옥
영원
그리고 윤회輪廻

윤회는 있는 것일까
다시 온다면 편안한 곳에 자리 잡으리라
윤회와 함께 부서지는 향일암 동백꽃

볕마저 따갑구나

아장아장
아직 엄마 젖을 찾을 아이
엄마에게 꾸중을 듣고 있구나

거짓 젖꼭지를 물고 있는 동생이 탄 유모차를 밀며
휑
뒤도 안 돌아보고 가 버리는 엄마

자기가 타야 할 자린데
엄마는 모르는 척
부지런히 앞서가고

미처 울지도 못하고
뒤뚱거리며 좇아가는 아이 위로
쏟아지는 봄 햇살이 너무도 따갑구나

철쭉꽃

따사로운 햇살 견딜 수 없어
앞다퉈 터뜨린 꽃망울

품에 안겨 연발하는 탄성
카메라 셔터 소리
도취와 행복

며칠 후
그 발길들에 곤죽처럼 짓밟히는
미몽迷夢의 철쭉꽃

달려가는 봄

무디어지지 않는 북풍에 가슴 졸이던 들녘
싹이 튼 것을 보니
어느새 봄이 온 모양이다

먼 산 진달래 올려다보는 사이
꽃이 만개한 것을 보니
바쁘게도 지나가는 모양이다

봄인가 하면 봄은 뱀 꼬리 만큼 남는다더니
바통 받아들면 돌아보지 않는 주자走者처럼
어명 받든 파발처럼

저만큼 벌써 마중 나온 여름 향해
숨도 돌리지 않고
뒤도 돌아보지 않고 달려가는 봄

벚꽃엔딩

시베리아도 덮을 꽃구름을 이고 함박눈 된 벚꽃
그 꽃잎 아래 세상 시름 잊는다

행복한 얼굴들
발아래 밟히는 꽃잎들

밟혀 아프지 않은 것이 있으랴
어지러운 발자국들
비명마저 삭이는지 밟혀도 밟혀도
뽀드득 소리조차 들리지 않는 세상

하늘 덮은 꽃구름에 신선도 되어 보고
날리는 꽃잎에 낭만에도 젖었는데
발자국 되는 꽃잎에
발끝이 길을 잃는다

벚꽃

하늘에 문제가 생긴 게 틀림없다
틀림없이 하늘나라 페인트 통에 큰 구멍이 났을 것이다

그렇지 않고서야
하늘 아래 세상이 이렇게 온통
하얗게 될 리 없다

가는 봄에

바람이 스친 숲의 향인가
아련한 향을 따라 돌담길을 돌자

한 무더기 섬 같은 나무에 내린
연보라 눈꽃
수수꽃다리 라일락꽃

라일락 아니랄까 봐
미처 목에 걸지도 못한 이름표를 발 앞에 삐딱하게 꽂고

달려가는 봄 늦을세라
지나가는 바람 놓칠세라
연보라 꽃향기 날리며
홀로
제 향을 한 상床 가득 차려놓고
나른한 파티에 빠진 라일락꽃

회자정리會者定離

청춘처럼 싱싱하던 것이
두 번이나 눈을 이식하고

사랑 주던 손길에
군데군데 하얗게 뼈까지 드러나고
다시 장님이 된 놈

다른 짐 다 가는데
떨어지는 빗방울에 혼자 남아
이십 년을 함께한 주인을
묵묵히 배웅하는 컴포넌트 오디오

꽃의 향이 좋다 해도
세월 향만 하겠는가
정을 주지 않았다면
슬퍼할 일도 없을 것을

돌아보던 눈길이

끝내

붉게 물들고 말았다

반편이 벚나무

라일락 향이 아련함을 부르는데
비스듬히 누워 죽음도 보았을
때를 놓친 벚나무

늠름한 좌우는 저만큼 달려가는데
안간힘으로 피워냈을 뒤늦은 벚꽃

놓치지 않고 세상을 따라가는
반편이 벚나무의 눈물겨움

보잘 것 없는 가지의 함박눈 된 벚꽃에
지나치던
바쁜 발길들이 한참을 머문다

검은 목련

우윳빛 곱고 우아한
그리스 여신상이 되었던 대리석 같은
세상 어느 꽃의 피부색이 이처럼 이지적일까

가인佳人이라 불러주던 이들 못 잊어
겨우내 다듬어 다시 찾은 봄

어느새 가 버린 나의 봄날처럼
또다시 목련의 봄날도 가고
총 맞은 시신처럼 누워
찬탄하던 시선들 비껴가는데

널브러진 검은 목련에 가슴이 먹먹해진다
멍이라도 생길 모양이다

성년의 문턱에서

조바심치며 달려가는 5월
봄비가 세상을 진정시킨다

빼꼼히 열린 여름 문턱에서 내리는 봄비는
길 떠나는 세상의 초목들에게
장도壯途를 비는 아버지가 따라주는 첫 술잔 같은 것

연둣빛을 못 벗은 세상의 잎새들은
고분고분
첫 술잔 같은 5월의 비에 젖으며
짙푸를 6월을 그린다

벌써
세상을 포효할
부리부리한 산들의 쩌렁쩌렁한 소리가 들린다

눈부신 아침은

아침이 오기까지
창밖
저 어두운 공간에서 치러지는 공방

언제나 아침이 승자지만
버텨내는 어둠도 승자 못지않다

잠들었던 여섯 시간
간밤엔 더 치열했었나 보다

그렇지 않고서야
창에 가득한 햇살이 저렇게 환호할 리 없다

공방 끝에 맞이하는 눈부신 아침
새삼
아침이 경이롭다

봄 가뭄

종일 5월 거리를 배회하는 먼지바람
세상은 눈길 가는 곳마다
숨넘어가는 연둣빛들의 아우성

하늘 일이라고 만만할 것인가
후두둑
마른하늘이 떨구는
모으고 모은 빗방울

알 리 없는 연둣닢들의 환호가
해방의 그 날처럼 세상에 가득하다
빗방울이 아니었다
희망이었다
간절함이었다

휴일의 행복

공을 차는 아이들의 숨찬 외침과
창을 두드리는 금빛으로 눈 뜬 아침

몇 페이지의 글과
한 봉지의 군것질과
보온병 따스한 커피가 함께한
뒷산 솔 향기 숲으로의 산책

늦잠을 깨운 아이들의 소음과
창을 두드린 금빛이 고마웠던 하루

동안童顔이 되어

어쩌면 그렇게 하나같이 귀여운지
어른다운 놈은 보이지 않고
까르르 깜찍한 계집아이들 같은

그래도 우르르 몰려다니는 놈들 자세히 살펴보면
눈가에 주름이 자글자글하고
머리털도 빠진 조금 다른 놈들이 섞여 있을 거다
물러서지 않고 비둘기와 주둥이를 다투는 걸 보면
나이 든, 믿음직한 놈이 틀림없이 섞여 있을 거다

어린 것들과 재잘거리며
젊은것들과 몰려다니며
그놈이 그놈같이 예쁜 참새들처럼
분별 못 하게
하루해를 저물고 싶다

세상은 사람보다 바쁘다

꽃이 피어야 씨앗이 그저 숨만 쉬었던 게 아니란 걸 안다
숨 가쁘게 달려왔다는 걸 안다
세상은 사람보다 바쁘다

형兄의 임종

창밖으로 5월의 푸른 생명들이 넘실대는데 창 안에서는 한 역사가 죽음으로 이어진 황량한 벌판의 끝에 다다르고 있다. 마흔 해를 넘게 함께 한 아내도, 젊은 세월을 모두 바쳤던 아들도 딸도 그저 고통만 남은 몸뚱이를 감당하고 있는 앙상한 넋을 위로하며 슬퍼할 뿐, 대신해 줄 수 있는 일은 아무것도 없다

생의 아쉬움도
죽음의 두려움도
놓칠까 굳게 쥐고 있던 삶의 투지도
방파제 되었던 몰핀마저도 모래성처럼 무너져 내리고

떠난다
떠난다
이제 떠난다
여보
아들아, 딸아
동생들아
사랑했던 사람들이여

안녕

안녕…

천사의 힘

출근 시간

바쁘게 택시에 오른 아가씨가 전화를 한다
언니, 나 지각했어 아기 보여줘
지금 안돼
조금만 보여줘
안돼, 시간 없어
10초만 보여줘
언니가 졌다
화면을 보던 아가씨의 얼굴이 단박에 환해졌다

대청봉에서

고행苦行 같은 산행
용량用量을 넘긴 숨소리는
명량鳴梁 바다의 울부짖음

육십 삶의 길만큼 아득해진 속세
발끝에 눈 맞추며
딛고 선 대청봉

하나 된 창공과 바다의 호연지기
나이는 아직 숫자일 뿐
심호흡으로 다시 잡아보는 삶의 좌표

해탈한 듯 가벼운 하산 길
거칠 것 없는 공간의 유유한 까마귀
하늘을 난다고 까마귀가 부러울까

슈퍼맨

옷자락 휘날리며 팔을 휘저으며
차선 하나 가득 거침없이 나아간다

꼼짝없이 뒤따르는 차들이 눈을 부라리지만
그와 마주하면 가던 길 그냥 가 버린다

교통정리도 열심히 한다
한 손을 허리에 척 받치고 무언가 열심히 지시하지만
마임처럼 그의 목소리를 들은 사람은 없다

20년 이상을 그렇게 한결같다
누가 그를 안다 할까
하지만 나는 안다
그가 슈퍼맨을 꿈꾸고 있다는 것을

휘날리는 옷자락은 슈퍼맨의 망토
언제였는지 그날
오로지

암흑을 뻗어 온 등댓불 같은
영화 속 슈퍼맨의 휘날리던 망토의 기억이
그를 살아가게 하는 힘이 되었다

팔을 휘저으며 한 차선 가득 나아가는
거리낌 없는 발걸음이 그것을 말해 준다
정의를 향해 나아가는 사람에게서만 볼 수 있는 당당한 모습
말이다

오늘도 이름표 목에 걸고
상록수역 근처 어딘가를 힘차게 나아 갈
그는 슈퍼맨이 틀림없다

다시 찾은 비선대에서

장군, 형제, 선녀봉의 매끈한 장중함도
암벽 틈 그림 같던 소나무도
설악을 씻어내던 맑은 계곡물도
둘러싼 모든 것이 그대로인데

오락가락
가랑비 주막집 처마 아래
동동주 따라주는 여인
이 여인이 삼십 수년 전 그녀인가

눈이 아파지려는데
잔 부딪쳐오는 여인의 눈길에도 연민의 빛

빈 하늘 흘러와
비선대 세 봉우리를 스쳐 가는 한 조각 흰 구름이
여인의 두 손을 더 꼭 감싸 쥐게 한다

유럽의 하늘색

융프라우를 오르는 산악열차 정거장에서 바라보는
겹쳐지고 겹쳐졌던 초록 언덕 위의 집들
그 집들을 더욱 예쁘게 해 주던

에뜨랑제 되었던 몽마르트르 언덕과
언덕 성당의 하얀 지붕을 더 눈부시게 해 주던

바티칸 성당을 둘러싼 우람한 백색 석주들과
석주 사이로 올려다보이던

언덕 위 폼페이의 아름다운 석주 광장을 덮고 있던
그 하늘색들이 유난하다 했더니
아니었다네
하늘빛에 감탄하였더니
속은 것이라네

멋진 여행 하라며 선물해 준
딸의 선글라스 때문이었다네

PART Ⅱ

다리도 두 개뿐이고
날개도 없고
말만 많고
생각만 많은
뭐 하나 마음에 드는 것 없는

–턱도 없는 소리 中

그리움

끝없이 펼쳐진 파란 하늘
그 하늘의 점점 하얀 구름은
무료한 조물주가 발뒤꿈치로 그린 그림

구름 사이 반짝이는 무언가 있어
조물주가 떨어뜨린 은 동전인가 따라갔더니
아하, 코엘료의 탕헤르행 비행기였다네
파란 하늘을 나는 비행기는 언제나 가슴을 설레게 하지

아직 따갑던 가을 어느 날
몽마르트르 언덕에서 고흐와 로트렉을 만났고
그 길모퉁이 카페테라스에서 라떼 한 잔의 기억이 선명한데
그런 날이 다시 오기는 할까

그리움이 핑 도는 그 시간들을
구름 사이 반짝이는 비행기에 가득 실어 보낸다

-탕헤르, 유럽과 가장 가까운 모로코의 도시

이마 퍼런 놈

비 온 뒤 개천 길
달팽이들의 산책이 한창이었다

달팽이와 함께 산책한다는 것은 힘든 일이었다
아무리 재촉을 해도 소용이 없었다
못 참고 질러가
앞서가던 놈의 우뚝한 이마에 주먹질을 하고 말았다

돌아오는 길
한 발 건너마다 횡사한 달팽이들
얻어맞고도 꿋꿋이 산책길을 가던
이마 퍼런 놈이 끼어 있을까 마음 졸였는데

다행이다
눈에 띄지 않았다

낙원 찾아

이슬이 아직 몸집을 키우고 있을 때
길을 떠났던 일가족

재촉한 담 끝은 멀기만 한데
차곡차곡 등에 쌓이는 따가운 햇볕

외 길
쨍한 햇볕

큰 집 둘
작은 집 다섯

벽돌담 위
햇볕 가득한 제 자리 달팽이 일가一家

세상 어디에 낙원이 있다고

인간들만 꿈을 꾸겠는가

파도의 꿈은
때려도 때려도 꿋꿋한 해안가 바위를 기어코
깨뜨려 보는 것이고

옹달샘을 나선 실개천은
골짜기를 힘차게 흘러 굽이굽이 들판을 가르는
유장한 강을 꿈꾸었을 것이다

또한 저 하늘 흰 구름의 꿈은
이제까지 없었던 멋진 그림을 하늘 가득 펼쳐 보는 것일지도
모른다
어찌 인간들만 꿈을 꾸겠는가

청평사에서

청평사 계곡의 유월 녹음은
매월당과 보우 스님의 돌아갈 길 잊게 했을 것이다
계곡을 노니는 강바람이 속삭인다

"오가는 길 불편해도 가끔 들러 세상 짐 풀어 두고 가게"

앞은 깊이 모를 시퍼런 소양호
뒤로는 다섯 장벽 오봉산
가로지르는 뱃길 두고
먼 길 돌고 돌아
오지奧地에 든 나그네는
강바람 머금은 계곡 숲 향기에
그 시절
매월당과 보우 스님 된다

중복中伏

찌를 듯 기세등등한 붉은 선단船團

요란한 소음
포탄인지 유탄인지
선단이 임진壬辰년 적선처럼 나뒹굴자
평상에 둘러앉았던 삼대三代가 엉덩이를 물린다

널브러진 수박 조각들
중복 더위가 잠시 쉼표를 찍는다

목동이야기

태풍이 사람 사는 곳만 휩쓸어 간 것이 아닌 모양이다
하늘까지도 푸른색만 남기고 모두 휩쓸어 간 모양이다

빠지면 못 헤어날 것 같은 그 푸른색에 한 발을 빠뜨리고
다가오는 양떼구름에 코엘료의 목동이 되어
솜사탕 같은 양 떼를 몰고 안달루시아 초원으로 간다

목동처럼 양털을 깎아 책도 사고
포도주도 사고
글 모르는 사람들을 만나면 재미있는 이야기도 들려주리라

그러다가 시들해지면
양 떼 틈에 감쪽같이 몸을 숨겨
언제나 조마조마하게 하던 숨바꼭질 술래를 골탕도 먹이고
또 시들해지면
긴 막대기 하나 손에 쥐고 양 떼를 휘저어
이리저리 도망치게 하는 심술도 부려 보리라

그렇게 한참을 노닐다가 해가 뉘엿해지면
아무 일도 없었던 것처럼 퇴근하여
영문 모를 아내를 붙들고
코엘료의 목동 이야기나 해 주어야겠다

참매미

소나기가 지나가자
다시
매미들의 요란한 울음소리

매엠 매엠 매엠 매엠 매에에 ~
참매미 울음소리
숲속 가득한 잡매미 소음 속
참매미 울음소리

매엠 매엠 매엠 매엠 매에에
언제부터인가 귀에서 멀어졌다는
그 매미가 울고 있다

길고 길었던 어둠 속 애벌레 시절
이제야 날이 왔는데
남은 날 일주일 남짓

잎 사이 찰랑이는 눈부신 세상
방점 찍으려는 매미들의 아우성
매엠 매엠 매엠 매엠 매에에
짝 찾는 참매미의 울음소리가 애처롭다

육십 중반 즈음이면

그냥 살 만하다면
더 늦기 전 마음을 "확" 바꿔 먹어라

그리고 박차고 문을 나서라
혈압 당뇨약 먹는다고 겁먹지도 마라
아침에 일어나지지 않는다면 늦잠도 좀 자고
어제 쉬었어도 몸이 무겁다면 하루 더 쉬고
조금 더 벌어 보려 서둘러 일터로 나가는
못난 짓거리도 이제 그만해라

맛있는 것도 먹어보고
좋은 구경도 하고
여자들처럼 예쁜 카페 가서
점잔 떨지 말고 수다를 떨어라
그러고도 시간이 남으면
그때 일을 해라
때로 의사는 꼭 찾아라

그렇게 살던 어느 날 아침
숨을 쉬지 않는다고 해서 그게 무슨 대수겠는가

그냥 허공에 새겨보는 소리

알밤의 꿈

8월의 광덕산 오솔길

발길 앞에 떨어진 못 이룬 알밤의 꿈
그래도 밤송이라고
가시 형상도 하고
이미 세상 삶이 아닌 것을 알기나 할까

오가는 발길에 밟힐까
숲 저 안쪽으로 깊숙이 팔매질하는데

내려다보던 까치가 장난인 줄 아는지
푸드득
비웃듯 저쪽 나뭇가지로 날아갔다

와자작

서두르던 출근길
발아래 박살나는
줄지어 일과를 시작한 개미들

오후午後에는
버스가 창창한 앞날의 아가씨 넷을 저세상으로 보냈다는 뉴스

근면 성실한 일꾼 몇이 사라지고
어디선가 하늘 네 개가 무너져도
세상은 여전히 빈틈이 없고
여전히 잘도 돌아간다

하늘이 무너진 가족들은 그렇다 치고
개미들은 누가 슬퍼해 줄까

와자작
이제야 들리는
발아래 부서지던 개미들의 단말마

2018년 혹서에

기록에도 없다는 폭염
밤낮으로 시달리다
갑자기
머리가 핑 도는 것 같더니

물도 어찌어찌 하면 수소 가스의 원료가 되어 차를 달리게도 한다는데
무진장 쏟아지는 저 하늘 금빛의 연금술이 고구마 줄기처럼 달려 나왔다

첫째, 쏟아지는 금빛을 압축한다
둘째, 압축한 것을 진공 팬에 볶는다
셋째, 볶은 것을 선풍기를 5단으로 돌려 불순물을 날려 보낸다
　　*바람이 셀수록 순도가 높아지는데 공정 중 최대 관건이다
넷째, 바닥의 금가루를 긁어모아 노爐에 녹인다
다섯째, 100g에서 500g까지 다양한 금괴를 만들어낸다

비교적 간단하다

하지만

핑 돈 다른 머리들보다 서둘러야 한다

개망초

아랫도리 발간 막내 둘러업고
장에 간 엄마 기다리던
버짐 핀 단발머리 누이 같은 개망초

저마다 한 송이 흰 눈을 머리에 이고
옹기종기 모여
바람결에 소곤소곤 소곤대다가
다가오는 발자국 소리에
목을 길게 빼고 돌아보는 개망초의 길섶이
첫눈이라도 내린 줄 알았다

팔월의 숲

달맞이꽃만 달을 기다릴까
숨죽인 검은 숲속은
달빛 아껴 다듬고 단장하는
투명 연미복 말쑥한 장정들의 분주한 공간

밝아 온 세레나데의 아침
저마다 성악가 되어
합창되었다가
정오를 지나자 아우성
홍해를 빠져나가는 엑소더스

느릿했던 집념의 어둠 속 천몇 백날
가까스로 만난 인연의 몸을 풀면
텅 비어
바람 소리 휘잉 관통할 껍데기
매미
그 짧은 사랑
삶의 허망함

못난 놈의 꿈

과자 봉지 움켜쥐고
몸을 부풀려 목을 곧추세운 것이
자못 고고해 보이기까지 했다

약자에게만 강한 못난 인간이
놈에게 일갈一喝하고
기웃거리던 놈들에게 과자 봉지를 뿌린다

저만치 날아가 인간을 물끄러미 바라보는 놈
사실은
놈처럼 고개 꼿꼿이 세우고 세상을 고고하게 내려다보고 싶다
허세로라도 그렇게 해 보고 싶다

팔월

비바람의 사선死線을 넘어
밀교密教의 광신도처럼 들고 일어선 벼 이삭들과
줄기 하나에 온몸을 맡긴 수박 덩이들의 안쓰러움
숨 막힐 듯 치열한 포도알들
끝 모르게 뻗어나간 고구마 대가족

팔월 들판에 쏟아지는 맹렬한 볕
터질 듯 숨찬 팔월

가을을 맞이하고 싶다
빨리 가을을 맞이하고 싶다
이른 고추잠자리 한가로운 저 들판으로 뛰쳐나가
두 팔 활짝 가을을 맞이하고 싶다

공갈빵 같은

그럴듯한 인생을 살았던 사람이
삶은 공갈빵 같은 거라 했는데
정말 그런가 하다가
그렇구나 싶었다

묵직 쫄깃한 베이글이 되려 했지만
엉성한 빵이 되어가다가
끝내 텅 빈 껍데기가 된 공갈빵 된 삶은
시간의 끝에 이르면
외진 구석에서
시름시름 기억에서 멀어지지

그래서
그럴듯했던 인생이 삶을 공갈빵이라 했나보다

바람이 전하는 말

매미 소리 녹음 아래
계곡물에 발 담그고
함께 파 뿌리 머리 되는
반쪽과 파안破顔 되는 시간

무심히 지나던 바람이
다가와 하는 귓속말

행복은 발길 앞에 살짝 묻힌
찾지 않으면 묻혀버릴 보석
더 늦기 전 부지런히
묻힌 보석들 찾으라 하네

걱정 마, 나만 믿어

병에 지친 것일까
병원비가 힘든 것일까

근심이 가득한 육십 중후반쯤 부부
각자 고개를 외로 꼬고 창밖만 내다본다
아직은 서로에게 힘이 되어야 할 나이

나는 그러지 말아야지
어떤 경우라도 그러지 말아야지
미래의 어느 날에 어떤 일이 닥친다 해도
그러지 말아야지
그리고 이렇게 말해주리라

"걱정 마, 나만 믿어. 내가 끝까지 책임질게"

커플

신부와 눈 맞추고
히죽
입 맞추고
다시 히죽

분홍색 고운 두 귀와 네 발
성장盛粧한 말티즈를 안은 눈웃음이 여지없는 하회탈 청년

말복末伏더위
보태진 체온
땀에 절고
때에 절은
내용 없는 청년에게
순정의 눈빛을 보내는 말티즈

부족한게 무언가 더 바랄 게 있는가
서로 좋으면 충분한 거지 행복하면 되는 거지
도대체 무엇이 더 필요할 것인가

나의 시절도 가고

간신히 벗은 앙상한 가슴팍
차마 바다에 뛰어들지 못하고 물가에 서서
벌거숭이 청춘들을 이윽히 바라보시던 장인어른
흐릿해질수록 또렷해지는 그 시절

세월은 가고 또 가고
여름이면 바다를 가자 하던
내 젊음도 까마득히 멀어져 가
청춘들의 물가에 서서
사위가 끄는 손 마다하고
벌거숭이 청춘들을 바라본다
장인어른의 아득하던 눈길을 따라간다

홍련암에서

더 갈 곳 없는 망망 장엄한 동해
돌아보면 수려한 설악

천 삼백 세월이
엊그제 같은데

스치는
그때도 불었을 바람
저만큼에서 손짓하는 이

의상이다!

화산처럼 솟구치는
파도처럼 밀려오는 부처의 가르침을
깨우치고 깨우쳤을 낙산 절벽 홍련암

저만큼의 홍련암에서
의상이 오랜 친구처럼 정답게 손짓한다

8월의 눈길

8월의 뙤약볕이 비껴가는 이면도로
철부지들이 깔깔거리며 지나는 길에 함박눈이 날린다

어지럽게 붙어있던
전세, 과외, 중고차, 빌라 매매, 못 받은 돈

길게 찢고 잘게 찢어
허공에 날리며 가는 여자아이 셋

때로는
8월에도 눈길을 만드는
철부지들의 그런 거침없는 힘이 부럽다

산화

"앵…"
돌진하는
가미카제가 그랬겠다
코골이는 무방비의 진주만
순조롭다고 느껴지던 순간
ICBM처럼 날아든 일격

흔적도 찾기 힘든
박살에 남겨진 붉은 피는
목숨 걸었던 거부할 수 없는 유혹

한순간 불꽃 같은
죽음 불사
모스키토의 산화散華

혹서의 오후

탈이 단단히 난 모양이다
그렇지 않고서야 불볕을 저렇게 쏟을 리 없지

느른해진 아스팔트
느릿하게 가로지르던 복날을 잊은 견공
클랙슨 소리에 화들짝 놀라 사라지고
활시위처럼 출렁였던 세상

차곡차곡
함박눈처럼 쌓이는 금볕에
세상이 달리의 그림처럼 늘어지는
8월의 오후

노병老兵

별 네 개도 부족할 판에
작대기 두 개

얼룩무늬 군인모자 삐딱하게 쓰고
동년배 노인들과 파안대소破顔大笑

만 원짜리 횡재橫財라도 한 걸까
파월 시절 무용담일까
아오자이와의 연애담일까

염제炎帝도 포기한 사거리 고가 밑
별 넷 장군 부럽지 않은
작대기 둘 노인의 파안대소

그 죄

엇지른 광목 어깨끈 등짐을 하고 등산로를 오르는 육십 중반쯤

슬쩍
등짐을 건너보는데
고개를 드는 누렁이

견공들에게 죄를 갚고 있는 중이란다
그럴만한 일들이 스치는데
마주친 누렁이의 심드렁한 눈길이 말을 건넨다

"당신도 등짐 좀 져야겠소"

열매

아스팔트를 구르는
받아 낸 지난여름이 고스란히 들어앉은
야무지고 묵직한 빨간 열매

얼마나 담금질 되어야 붉은색이 이렇게도 고울까
육십을 넘겨도 여물려면 멀었는데
여물지도 못하고 떨어지게 생겼는데
단단하게 잘도 여물었다

누가 뭐라 하든 내년 여름에는
두 팔 벌려 저 들판에 서서
팔월 맹렬한 뙤약볕에
기어코 여물어 내고 말리라

영화'맘마미아'를 보고

젊음이 얼마나 빛나는 것인지를 안다면
그대는 젊은이가 아니다

젊음에 그려지는 다듬어지지 않은 열정과 사랑
부딪쳐 오는 일에 망설이지 마라
좌절에 눈물짓기도 하겠지만
그 기억들은 삶에 무디어진 어느 길목에서
일상의 발길에 채여 드러난 보석처럼
그 시절을 미소 짓게 하는 영원한 빛이 되어 주리라

까치의 익스트림

날리는 보드라운 속 털
떨어져 사이드미러 안으로 멀어지는 점 두 개

살아있지 않으면 모든 일이 의미가 없는데
하늘과 땅 사이의 공간

달리는 차 사이
스릴을 즐기던 익스트림 청춘들이었을까
짜릿한 위험
익스트림의 그 좁은 길

드넓은 하늘을 살아도
젊음은 늘 조마조마한 것

선線긋는 계절

짙은 그늘이
내리꽂는 따가운 햇볕과 선을 긋는다
분명한 선을 긋는다

여름은 여전히 맹렬하지만
짙은 그늘의 쾌적함은 양보가 없다

햇볕과 그늘로 양분된 세상
햇볕은 곧 순해질 것이다

아직은 보이지 않는
저 멀리 들판을 달려오는 기마병 같은 가을이
어느새 도착할 테니까

우화羽化

인간들만 시간에 쫓기랴
그들도 쫓긴다
모퉁이를 돌아가는 불빛에 확인되는
무수한 그들

곧 다가올 아침
붙들어야 이루는 세상
밤새워
붙들고 또 붙든다

동 터 올 무렵
저마다 세상 하나씩 이루고
세상 끝에 매달린다
흔들리던 거미는 줄을 다잡는데
매달렸던 세상은 끝을 놓는다

깨어져 박살이 나도
소리조차 없는 이슬의 우화羽化

귀향길

더위가 한 눈 팔았던 사이
쏟아진 소나기

더듬더듬 길을 찾는다
힘에 겨워 이내 거품을 물지만
길목 길목에서
함께 왔던 친구들을 만나
제대로 다시 세상에 오려는
소나기의 귀향길이
천축국 찾아
서역西域을 헤맸을 혜초 스님의 길처럼 아득하다

부처

세상이 저마다의 형상을 가진 이래
무수한 날을 벼리던 잘 생겼던 바위

날이 왔고
더 없는 믿음을 가진 솜씨 좋은 석공의 정에
몸을 허락했다
바위로서의 점을 찍었다

굳건하게 지켜본 토함산 천여 세월
흘러와 사라지는 구름처럼
변화무쌍
파란만장한 역사의 흥망성쇠

무엇을 더 꿈꿀 것이며
무엇을 더 바랄 것인가

나는
석굴암 부처다

턱도 없는 소리

달라진 바람의 느낌에
한사코 쉬고 싶다는 몸을 끌고 나선 산행
여름내 가둬졌던 냉방기 둑이 터지기 시작했다
둑이란 둑은 다 터졌다
홍수처럼 다 터졌다

대청봉처럼 오른 수암봉 316m
잠자리들이 먼저 올라 있었다
가뿐한 날갯짓이
땀 한 방울 흘린 것 같지 않다
유유자적하는 것이
에베레스트를 오르고도 남겠다

다리도 두 개뿐이고
날개도 없고
말만 많고
생각만 많은
뭐 하나 마음에 드는 것 없는 만물의 영장

턱도 없는 소리

잠자리가 만물의 영장이다

오대산 소금강

첩첩의 오대산 초목이
머금고 머금어
거르고 거른 옥수玉水
그 옥수가
십 수만 세월을 다듬고 다듬어 이룬 절경

숙련된 석공의 탄식 소리가 들리는 듯하고
너럭바위 아래 소沼에 몸 담궜을 선녀의 자태 보이는 듯하다
천 길 암벽 위에 터 잡은 소나무는
저 아래 계곡 맑은 물에 목마름을 잊고
당장이라도 떨어져 내릴 듯 갈라진 암벽은 그러나
그대로 다시 천년은 가리라

억겁 속 찰나 같은 삶
재촉하는 발걸음 앞을 향해도
아쉬움에 두 눈은 뒤를 놓지 못하네

하루살이

눈을 떴을 때
모두가 돌고 있었다
이른 가로등 불빛에 돌고 있었다

따라 돌았다
열심히 돌았다
정신없이 돌았다
돌다 보니 아침이 밝았고
지쳐 차가운 바닥에 떨어졌을 때

돌기만 하다가 끝났다고
한 번뿐인 생이 그게 뭐냐고 시비하는 자者가 있어

그 하루가 얼마나 길었는데
얼마나 힘들었는데
눈 맞아 사랑도 했고 씨도 뿌렸는데
할 건 다 했는데
뭘 어쩌라고
하루뿐인 평생을 살아낸 하루살이의 항변

고단수와 잔머리

생각해 주는 척
당신은 살코기 먹어

노릇하게 구워진 임연수 껍질
꼬리꼬리 한
씹을수록 달고 고소한 감칠맛

내가 누구를 닮았나 했더니
회귀하는 연어의 물가에 서서
천렵하는 아메리카 불곰을 닮았구나

공도 안 들이고 입만 가져가
입으로 직행하는 딱한
연어의 껍질을 즐긴다는 녀석

녀석은 고단수
나는 잔머리

당신은 살코기만 먹어
껍질은 내가 다 먹을게

꼰대

아, ㅆ발
ㅈ 됐다
차 ㄱ 막혀
ㅈㄴ 막혀

3류 여배우처럼 하얗게 다리 꼬고
전화기 친구와 욕설을 주고받는
고등학교 교복 여학생
둘만의 공간
평상심은 부처님의 몫
감당할 수 없어
망설이고 망설이다가

어이, 학생 이제 그만 좀 하지

꼰대가 되는 순간

PART Ⅲ

곱게 물든 단풍이라고
삶도 곱기만 했겠는가
깃털만큼 가벼운 단풍잎 하나에도
세상의 모든 무게가 실려 있는

-가을이다 中

공존의 시간

성큼 다가온다는 가을이지만
가을은 그렇게 성큼 다가온 적이 없습니다
여름이 불편할까 저만큼에서 눈치를 살핍니다

아직 할 일이 남은 여름과
여름을 수습해야 하는 갈 길 바쁜 가을
막간幕間,
공존의 때입니다

가까워진 거리만큼 낮아진 담장을 사이에 둔 공존의 시간이
한 해 중 가장 짙은 가로수 그늘을 만듭니다

그 짙고 시원한 그늘 아래
가을은 다독이고
여름은 수긍합니다

이제 가을이 들어설 차례입니다
성큼 들어설 차례입니다

은하수 언덕

그날 밤
처가妻家로 향하는 작은 언덕에는
숱한 별들이 내려앉아 있었다
타원을 그리듯 돌아가는 나지막한 언덕에
하늘에 자리 잡지 못한 별들이 다투어 은하수와 닿아 있었다

그날 밤
언덕은 은하수 된 메밀꽃들이 별처럼 밤을 밝히고 있었다

좀생이

큰마음먹고
맛있는 거 사 주리라

먹고 싶은 거 있으면 말해
이번에도 아내는 짜장면이 좋단다
언제나 짜장면이 좋단다
그럴 리가 없다는 걸 알면서
순식간에 작아져
그럼, 짜장하고 짬뽕 시켜 나눠 먹자

세상은 먹방으로 넘치는데
짜장면이 좋다는 한마디에 오늘도 피했다
잘도 피했다
큰마음 먹어봤자 소용없다

가을 통증

멀찌감치 물러선 하늘
잎새에 떨어지는 볕도
잎새에 사각이는 바람도 달라졌다
불혹 나이처럼 무거워졌다

가을이구나
하마터면 눈물을 뚝 떨어뜨릴 뻔했다
9월 아침의 가을 냄새가 잊지 않고 가슴을 흔든다

냉커피가 좋을지
따스한 커피가 좋을지

살아도 살아도 미숙한 가슴에 관통된 가을 통증이
커피 한 잔의 선택도 고민에 빠뜨리는
9월의 아침

깨달음

깊어도 씨앗 하나 살리지 못할 건조한 이마의 고랑과
엄마 젖을 빨던 그때 이후
처음 만난 보드라운 아래위 두 잇몸과
저만치 듬성듬성 거리를 둔 파 뿌리 머리칼과
부릅떠도 소용없는 희미한 세상과
공 안 들여도 떨어지는 살이었던 비늘들과
알면 불편해지는 세상과
두 다리보다 소중해진 지팡이

퇴근길

몫 찾아 헤매는 거리는 개똥밭 같고
술 한 잔 사주지 않았다며
인생에게 섭섭함을 넋두리한 노래도 있었지

지쳤어도
간신히 몫을 챙긴 귀갓길
저마다 불 밝힌 거리가 아름답다

그렇지
개똥밭 같은 이승이라도
비좁고 깜깜한 저승보다야 백번 낫지
아무렴 그렇고말고

가을이다

곱게 물든 단풍잎이라고
삶도 곱기만 했겠는가

깃털만큼 가벼운 단풍잎 하나에도
세상의 모든 무게가 실려 있는
가을

가을이다

세월

이렇게 쪼글쪼글 쪼그라들었지만
내게도 아가씨 시절이 있었고
새댁 시절도 있었다우
팔십 줄 할머니
할머니의 어디에서 좋던 그 시절을 찾아낼까
그저 지나갈 뿐이라는 세월이
무얼 어찌했기에

지팡이

"툭"
무심한 듯 카트 옆구리를 치는 지팡이의 정지 신호
폐박스가 다듬어져 쌓이는 사이
시름 같은 백발 카트 운전사의 파란 연기

"툭툭"
재촉하듯 다시 카트 옆구리에 보내는 지팡이의 출발 신호
밀고 끌고
달팽이처럼 나아가는 박스 더미

말은 군더더기
저승이 보일 만큼 함께 살았는데 무슨 말이 필요할까

파 뿌리 머리가 되고
다리 하나가 보태진다는 것은
남았던 세상 하나가 펼쳐진다는 것

홀로 새운 밤

드문드문 밝힌 건너 아파트의 불빛
거기도 뜬눈으로 밤을 새는 사람이 있는 걸까

친정 간 아내는 잘 자고 있는 걸까
흉몽을 꾸는 것은 아닐까

처연한 그믐달에
더 아팠던
더 외로웠던

밤새도록 밀려오고 밀려오던 복통을
거북이처럼 다가온 아침이
가까스로 잠으로 데려갔다

돼지도 가을에는

배부르면 그만 일 것 같은
돼지도 고개 들어 하늘을 올려다볼
가을

가을에 무심한 삶이라면
그 삶의 무게는 얼마나 될까

무게를 가진 것들은 내려앉는다
낙엽처럼 내려앉는다
그러므로
한 줌 무게의 삶도
제만큼의 상념으로 기어코
휘청이며 내려앉고야 마는

가을이 깊어간다

약자弱者

마음도 약하고
입심도 배짱도 없고
거기에다
가진것도 없고

나는 써먹을 게 하나도 없구나

채에 걸러지는 가을

쾌적함이 먹물처럼 스민
가을이 내려앉고 있다

분방했던 아가씨에서
첫 출산한 새댁처럼 순해진 산과 들

떨어지는 듯 머무는 듯
한가로이 내려앉는 불꽃 닮은 온순한 잎새

채에 걸러지는 것같은 가을이
소리 없이
곱게
세상으로 내려앉고 있다

수족관

차곡차곡 박스처럼 쌓인 킹크랩은
다리가 아무리 저려도 뻗을 수 없고
아무 잘못한 일 없는 랍스터는
잡히자마자 수갑이 채워져 그 굉장한 손이 모든 걸 내려놓았다
모래 속에 몸을 숨기면 백 년도 살 광어는
흰 모자가 오갈 때마다 피하던 눈이 완전히 돌아갔다

골골하지 마라
힘이 넘치는 척해라
흰 모자는 언제나 골골하는 놈부터 들어내니까

정말 무서운 것은 무엇인가

낙산사 동종을 녹아내리게 하고
수십 명의 공사장 인부들과 사우나 하던 사람들을 한꺼번에
데려가는
불
무섭다

일본 쓰나미도 무서웠지만
장마 때, 어지럽게 흘러가는 동네 다리 밑 물도 무섭고
숲 우거진 산을 한꺼번에 쓸어내리는 물도 무섭다

무섭다
불도 무섭고
물도 무섭지만

어둡고 외진
길 저쪽에 서 있는 사람
무섭다
저 사람이 반가울 수는 없는 것인가

정말 무서운 것은 무엇인가

주전골

지옥은 불구덩이라는데
올려 보아도
내려 보아도
불구덩이
벌건 불구덩이

무슨 설명이 필요할까
탄성만 연발하다
기울어지는 해에
간신히 빠져나온 주전골

온통 벌겋던
탄성만 가득하던
주전골은 불구덩이

미래의 어떤 날에

휠체어를 미는 이마에 송글송글 땀방울이 맺혀도
휠체어에 앉은 아내의 눈과 마주치면
“나는 괜찮아”
한 눈 찡긋 미소를 지어주리라
함께 살아 준 세월에 감사하리라
행복했던 삶에 보답하며 살리라

가을이 간다

모퉁이를 돌아 사라지는 뱀 꼬리처럼
그리웠던 가을이 꼬리를 보이고 있다

미처 피지 못한 꽃들을 못 본 척
서둘러 떠나던 봄처럼

낙엽 될 잎새들을 닦달하며
가을이 뒤도 돌아보지 않고 가고 있다

그리웠던 가을이
매정하게 떠나고 있다

세상에 있었는지 없었는지

굽었지 싶은 작은 어깨
일찌감치 짧게 잘랐던 풍성하던 머리숱
덕장 코다리처럼 홀쭉해진 매끈하던 종아리

그렇게 차츰 여자는 사라지고
아내도 사라지고
연민만 남았다가
그마저도 열차의 기적처럼 아득해지면
흐린 불빛 어둑한 방에
더듬더듬 하얀 노인 둘만 남는 거겠지
우두커니 남는 거겠지

남자였던 노인 먼저 가고
여자였던 노인 홀로 남아 지난날을 지워가다가
어느 날 문득 자취를 감추겠지

두 노인
세상에 있었는지 없었는지

추석이 다가오던 어느날

고구마 순을 삶아 장에 팔던 엄마
다가오는 추석
마음이 바쁜 엄마는 한사코 못 따라오게 했지만
나는 기어코 따라가 양손에 먹을 것을 쥐고 왔지
신길동에서 영등포 시장까지
걸어서 왕복하는 거리
엄마는 얼마나 마음이 바쁘셨을까

동창회

코스모스를 닮은 소녀를
잠자리처럼 맴돌았지

나누고 나누어도
오십 년 그 기억은 남고 또 남아

납덩이 된 가슴이
국화 닮은 그녀 앞에
다시 잠자리 소년 되어 설렌다

배려

마음대로 뒹굴며 또 다른 세상을 만나는데
낙엽 된다는 것이 쓸쓸하기만 한 일인가

누군가 낙엽을 밟으며
가을의 정취에 빠지고 있는가
낭만에 취하는가
상념에 젖고 있는가

비켜가라
마지막 시간을 즐기는 낙엽을 위해

한강 공원에서

내려앉는 노을을 눈앞에 두고 끓여먹는 라면 맛
미슐랭 별 셋은 도대체 어디를 헤매는가

편의점 뒤편 라면 잔반통에도
미슐랭 별 셋의 잔치

방주方舟시대 이후
눈부시게 비상했던 날개가
인간 곁을 맴돌다
잔반 기름 땟국에 절어
곤두박질치고 있었다
끝없이
추락하고 있었다

운명

밟히고 부딪쳐 튕겨나가고
앞바퀴는 피했는데 뒷바퀴에 밟히고
밟혔는데 또 밟히고
아비규환

다행히 중앙분리대에 바짝 몸을 붙인 몇이
가로놓인
서슬 퍼런 삭풍朔風이 오가는
건너편 친구들을 바라보는데

이승의 풀숲으로 몸을 피한 몇이
건너편을 바라보며 가슴을 쓸어내리고 있다

-자동차 전용도로에 쏟아진 pet 병

장례

부고장이 돌았을까
먼저
참새가 찾아왔고
비둘기도 찾아왔다
뒤늦게 찾아온 까치는
위험을 무릅쓰고 주검을 길가로 끌어냈다

다시 못 올 길을 가는 한 삶
힘을 모아 이리 뛰고 저리 뛰었다

횡단보도 한가운데서
구천을 떠돌 뻔한
먹다 만 과자 봉지

조장鳥葬은
저쪽 먼 나라만의 장례가 아니었다

바람에 안긴 가을

열흘이면 지는 꽃들
미처 느끼지도 못했는데
그 꽃들 져 버리고

단풍에 넋을 놓고 있었는데
어느새 그 단풍 낙엽이 되었네

가는 가을 아쉬워 두 손 뻗어 보아도
바람에 안긴 가을은 어느새
앙상한 북쪽 향해 달아나고 있네

청평 호반길에서

붉은 해는 감나무에 알을 슬어 놓는 것인가
잘 익은 열댓 개의 예쁜 해가 걸린 감나무 울타리를 지나
소리 없이 타오르는 붉은 산허리 길을
재촉 없이 따르는 동심同心 한 점과 달린다

깊숙이 들고나는 물길 따라 무리 지어 은빛을 날리는 갈대들
청평호 고운 물색에 깊어가는 가을이 고스란히 내려앉았다

어렸을 적, 달콤했던 알사탕처럼
아끼고 아끼며 돌아 나오는 서쪽 하늘 가득한 검붉은 화염
덮쳐오는 화염에 다급해진 양 떼의 발굽 소리가 석양에 뽀얗게 일어난다

온통 짙은 가을 색
남아있던 가을이 남김없이 타는 청평 호반길

순식간瞬息間 저세상

사거리
쾅 소리와 함께 순식간 망가진 몸

아내와 아이들
벌려놓은 일들
떠나면 다시 올 수 없는 세상

갈팡질팡하는 혼魂
어느새 다가온 저승사자가
울부짖는 갈 길 먼 혼의 양 팔을 끼고 멀어져간다

겨울 길목 바람에

늦가을의 거리를 휩쓸어가는 싸늘한 바람에
붙들고 있던 명줄을 놓는 우직한 플라타너스 잎새들

바람을 붙들어 추궁하면
떨어지는 낙엽에 상심하는
까닭을 알 수 있을까

사랑 두고 떠나는 여인처럼 매정한 겨울 길목 바람
쫓아가 멱살이라도 잡으려다
바람은 또 무슨 죄인가 싶어
물끄러미
휩쓸어 가는 플라타너스 잎새들의 뒤꽁무니만 쫓는다

단감

처가 뒤란 감나무는
해마다 수십 개의 검버섯 흠투성이 감을 달아냈다
온종일 울타리 밖으로 내놓고 있어도 손도 타지 않을 그런 감을
씩씩한 처제는 가지 부러질까 걱정을 해도
까치밥 몇 개 남기고 호두 알 크기까지 다 따내곤 했다

장인어른 돌아가시던 해, 가을
달린 감은 반으로 줄었고 더 작아지고 흠도 더 많아졌다
그랬어도
아삭아삭 부서질 때마다 유별난 단맛이 입 안 가득 퍼지던,
설탕 감이라고들 했지만 어찌 그 맛을 단지 설탕에 비하랴
처제의 손이 닿아 떨어지는 순간까지 못난 감을 붙들었을
늙은 감나무의 안간힘이
그 단맛 속에 온전하게 느껴졌다

그리고 이듬해, 감나무는 감을 달지 못했다
눈길도 닿지 않는 뒤란 구석에서 그렇게 불임의 삶을 끝내가
던 감나무는

몇 년 뒤,
새 집터 닦기를 하면서 굴착기에 험하게 뽑혀 나가고 말았다

장인어른이 결혼하던 해 심으셨다는 감나무
오두막 같던 처가 뒤란 늙은 감나무의 겉 다르고 속 다른
그 진한 감 향의 단맛을 세월이 흘렀다고 잊을 리 있겠는가
마들렌 같은
그 단감의 그 깊은 맛을

알밤

내려앉는 노을 보며 들어선 뒷산
산은 노을보다 서둘러 하루를 마감하고 있었다
깊어지는 오솔길을 바짝 따라붙는 서늘한 기운

“탁” 소리에
놀란 가슴이 뒤쪽을 경황없이 살피는데
길섶의 커다란 알밤이 눈을 맞추며
근처에 두 개 더 있으니 챙겨 얼른 내려가라 하네

밤 두 개를 더 주워
못 이기는 척 내려오니
아직도 서산 위로 넉넉히 걸려 있는 해

살짝
볼을 덥히는 노을 같은 열熱

시화호에서

붉게 내려앉는 노을과
윤슬처럼 은빛을 뿌리는 갈대
시화호 수변에 서서 '목마와 숙녀'를 만난다

강변을 쓸어가는 바람에
비워진 술병은 목 놓아 우는데
목마와 숙녀는 갈대숲 모퉁이를 돌아
방울소리와 함께 총총 사라져간다

목마와 숙녀가 사라진 갈대숲 사이로
노을이 부서진다
진했던 가을의 하루가 막을 내린다

낙엽의 기도

저 아래 차가운 바닥에 닿기 전
살아온 삶이 가치 있었음을 깨닫도록
천천히
아주 천천히
내려앉도록 해 주소서

거친 바람에 휩쓸려
먼 곳으로 날리지 않도록
꿈을 키우던 자리에
뒹구는 행복을 주소서

청소원의 성실함과 부지런함에
서둘러 쓸려가는 슬픔을
저만큼
아주 저만큼 늦추어 주소서

은행잎

겨울과 맞짱이라도 뜰 듯 기세등등하더니
고작
척후병 같은 잠깐 새벽 비에
동백꽃 몽우리들처럼 새파랗게 누워

짧은 해가 중천을 지나는데
목 떨어진 줄 모르고
어리둥절
멀뚱멀뚱
하늘만 올려다보는
창끝 같던 은행잎들

데자뷰

비 내리는 늦가을
바닥을 튕긴 빗방울이 차갑다
길 건너 뚝방길을 지나는 검은 우산을 쓴 사람
남자인지 여자인지
문득 가던 길을 멈추더니 발길을 돌려 간다
몇 걸음이나 갔을까
멈춰 섰다
뭔가 생각하는가 싶더니 다시 발길을 돌려 가던 길을 간다
아하, 그것도 아니었나 보다
또 멈춰 섰다
무슨 일일까
가스 불을 안 껐을까
문단속을 안했을까
무슨 일일까
다시 발걸음을 돌리더니
오던 길로 바쁘게 멀어져 갔다

깜빡깜빡

오락가락하는

내 모습이 겹쳐졌다

화정천에서

늦가을이 지나는 화정천

천변을 달리는 차들을 살 길인 양
우수수 몰려 따라가는 낙엽들과
빼곡히 등을 맞대고
닥친 겨울에 수런거리며 흔들리는 갈대들

서둘러 빠져나가는 썰물 같은 늦가을에
진한 커피향 된 화정천 정취를
표 안 나게
듬뿍 떠서
가난한 화가에게 선심이나 써 볼까

낙엽길에서

이젠 삶도 아닌 것들이 할 일이라도 남은 것처럼
거리를 몰려다닐 때쯤이면

제주 돌담 빠져나가는 바람처럼
스산한 가슴에도 숭숭 바람 소리가 들리고
달래지지 않는 상념으로 헤매던 낙엽길 모퉁이에서
가슴 빈 사람들과 커피라도 함께 하면
빠져나간 바람의 틈이 메워지려나

어둑해진 거리
바람 지나던 소리 들리던 가슴이 메워지기라도 했는지
발등에 채이는 낙엽들이 가벼워졌다

무아無我 속에서

추수가 끝난 들판을 뒹구는 흰 볏짚 뭉치도
산자락 아래 커다란 공장들도
외롭게 서있는 큼지막한 광고탑도
논길의 탈탈거리는 경운기도
잔상殘像에 돌아봤던 것들도
모두
휙
벌써 보이지 않았다

차창으로 달려온 시간은
어느새 과거를 달렸다
그렇게 스친 차창 밖은
이제 지금의 것들이 아니리라

문득
다른 생각이 들기까지
어떤 소음이 느껴지기까지
차창 밖은 무아無我 속을 달렸다

KTX의 차창 안에서

달려와 사라지는 시간을 목격했다

늦가을 아침에

텅 빈 하늘을 가르고 달려온
이지적理智的 아침햇살

그 햇살을 튕겨내는
활어 같은 탱탱한 대기
불붙어 도열한 당당한 느티나무 길

두 주먹 불끈 쥐고
지표를 쿵쿵 울리며 힘차게 달리고픈
터질 것 같은 가슴의
11월 아침

묵이 되는 과정에

빙하시대 같았을 냉장고 속 한 달 보름
도토리 애벌레의 생환

베란다 따스한 볕에
꼬물꼬물 가슴 터질 듯 환호하는 열댓 생명
희망은 죽음보다 힘이 셌다
그런데 살아난 걸까

달아나 볼 틈도 없이
한 마리씩 한 마리씩
뭐라 따져보지도 못하고
사랑도 못해보고
까마득한 19층에서
또박또박 핀셋으로 던져지는
환호하던 도토리 애벌레들의 아스라한 비명 소리

PART Ⅳ

사랑 잃은 사내의 슬픔처럼
비관하듯 세상으로 추락하는

-진눈깨비 中

다만, 나는

우선
옷깃을 세우게 하고 몸을 움츠리게 하는 찬바람이 휘잉 불어
주어야겠다
매서운 바람이라면 더 좋겠다
그래야 그 바람 속을 걸어 창가에 마른 꽃이 걸린 '그 겨울의
찻집'을 찾게 될 테니까

아름다운 사랑 이야기 따위는 없어도 괜찮을 것이다
있다 해도
어차피 까마득한 옛날이야기 일테니

다만 나는,
삭막하게 세상을 할퀴고 지나는 바람과
웅웅거리는 나뭇가지들의 울음소리와
휩쓸려 바스러지는 낙엽들의 아우성에
견딜 수 없는 외로움과 쓸쓸함으로
옷깃을 세우고
몸을 움츠리고

비틀거리며 바람 속을 걸어
이윽고 찻집 문을 열었을 때
기립했던 세포들을 순식간에 주저앉히는 진한 커피향과
숱한 손길에 모서리가 흘러내린 창가 마호가니 소파의 따스함
에 묻히고 싶었던 거다

그리고
지쳐 쉬고 싶은 낙엽들을 가차 없이 몰고 다니는
칼바람의 길모퉁이 외딴
지붕 낮은 찻집의 창밖 풍경이 못 견디게 그리웠던거다

수종사에서

마지못해 들렀던 짤막한 볕이
연착한 열차처럼 떠나자
가부좌를 풀며 흐트러지던 법당 부처

다가오는 등산객들 웅성거림에
화들짝
자세를 가다듬고 입꼬리도 올리고

한나절도 한세월 같은
세월 수백

섣달의 하루가
망망 바다 한 척 배처럼 지루하기만 한
겨울 산사의 부처

열일곱 적에

저만큼에서 모락모락 김이 오르는 찐빵 가게가 보이면
발걸음이 흔들리기 시작했다

그날은 찐빵 때문이 아니었다
I'd love you to want me
쿵 쿵
지진이 오는 소리인가
깊이와 무게를 짐작할 수 없는 소리

미제 중고 스피커를 들여놓았다는 젊은 주인의 자랑이 들렸다
찰랑거리는 묵직한 기타 사운드
트랜지스터라디오의 음질로도 넘쳤던 두 귀
JBL 로고의 커다란 스피커 소리는 이전에 없던 세상이었다

희열로 가득했던 가슴
찰랑거리던 스피커의 묵직한 음질은
또 다른 세상의 시작을 알리는 소리였다

동요

부엉 부엉새가 우는 밤
부엉 춥다고서 우는데
우리들은 모여 앉아서
옛날 옛날 얘기 듣지요

살랑살랑 바람이
산모롱에 잠들고
첫눈이 오는 밤
몰래몰래 깊어간다
창밖으로 누군가 지나가는지
조용조용 조용히 듣고 있으면
바스 바스 바스스
소리가 난다

그 시절 동요
하, 노랫말 참…

월동

두둑하면 무거울까
너무 크지는 않을까
위아래 다 잘라버리고

딱 한 뼘
배꼽만 가리는 딱 한 뼘
배꼽이 중요할 거라 생각했을까
배꼽이 부끄러울 거라 생각했을까

크거나 작거나 가리지 않고 딱 한 뼘
마르거나 뚱뚱하거나 딱 한 뼘

겨울을 이겨내는 것은 오로지
딱 한 뼘
배꼽을 가린 볏짚의 힘

변신變身의 밤

휘이
부는 바람과 함께 다가오는 것들

두꺼비인가
눈치챘는지 멈춰 섰다가
슬금슬금 다가온다

두꺼비가 아닌가
다시 딱 멈춰 섰다

휙
몰아치는 바람
뒤집히며 휩쓸려 가는 것들

아하,
플라타너스 낙엽

목 떨어진 지 한참인 지난가을의 놈들
변신을 하고 또 해도 겨울밤은 길었다

무얼 잘못했기에

나쁜 감정이라도 있었는지
다가오자마자 걷어찼다

허공을 헤매다 내려앉으려는데
이번엔 돌려차기였던 모양
허공을 휘익 돌아 버둥대던 나목裸木 끝
겨우 빠져나와 달아나는데
기어코 좇아와
날카로운 가지를 가슴 깊숙이 꽂는다

만신창이 되어 가쁜 숨을 몰아쉬는데
줄지어 지나던 유치원생들이 합창을 한다

태극기가 바람에 펄럭입니다
하늘 높이 아름답게 펄럭입니다

-비닐봉지의 수난

잊혀져가는 것들은 아름답다

까만 캐딜락이 번쩍이며 지나가던
범일동 판잣집 유년기의 기억
방 하나에 일곱 식구가 복작이던 신길동 소년기
질풍노도, 얌전하기만 했던 청계천 마장동의 사춘기
32개월 반 고달프기만 했던 11사단 군대 시절
열사의 중동에서 보낸 5년간의 청년기
결혼과 그리고 육십에 이른 지금까지
칠십이 되어도 팔십이 되어도 지금처럼 지난 기억들이 새록새록 할까
수시로 꺼내어 확인하지 않으면 지워질 기억들
기억되던 것들 중
원점에서 멀어져 잊혀진 것들은 또 얼마나 될까
기뻤던 기억도 슬펐던 기억도
모두 그리움이 된 지금

잊혀져가는 것들은 아름답다

겨울 한 밤

가로등은
낙엽들을 내려다보며
자신이 그믐 달빛보다도 못하다고 생각했다

낙엽은
희미한 가로등을 올려다보며
겨울 한 밤은 재미도 없고 지루하기만 하다고 생각했다

바람은
심심해서 그냥
가로등과 낙엽들 곁을 오가며 아침이 오기만을 기다렸다

오가는 사람 없는 겨울 한 밤은
무의미한 시간일 뿐이었다

불면의 아침에

비 오는 밤은 숙면한다더니
빈말인가 보다

부벼도 부벼도 흐릿한 뻑뻑한 눈
밤새 이어지는 빗방울에
사선으로 거듭 깨어지는 창

선혈 같은 빛을 흘리며 달리는 꽁무니에
바짝 따라붙어
거둬내도 거둬내도
얼비치는 윈도우 밖 세상으로
긴가민가 핏발선 두 눈의 불을 켜고

비가 쏟아져도
바람이 몰아쳐도
달려가지 않아도 다다를 목적지를
기를 쓰고 한 발짝 더 다가서는 아침

청개구리

어머니는 때마다 먼 거리를 오가는 우리 형제들을 안쓰러워
하셨다

지금도 첩첩산중
손가락 끝이 닿는 산 아래
열여섯에 시집와 서른까지 살던 집이 있었다고 하셨다

새색시의 고달팠을 삶과 한恨이 묻어나는 그 주변과
아버지 산소와
먼저 가서 가슴에 묻고 묻어 두었을 형의 산소에
어머니를 나누어 뿌려 드렸다

일월 엄동
밤이면 더욱 매서울 추위
문득
산속 이곳저곳에서 떨고 계신 어머니가 보였다
아버지가 홀로 누워 계시는데
화장해서 뿌리라던 말씀은 진심이셨을까

뒤늦게

통곡하는 청개구리

스티로폼 알갱이들

칸khan의 뜻대로
달려가고 멈춰 서던 병사들은 어떤 생각을 했을까

아스팔트를 휩쓸어가는 기세에서
초원을 내달렸을 칭기스칸 군대를 떠올린다
그 병사들을 생각해 본다

잠시 숨을 돌리는 모양이다
다시 몰아쳐간다

칸의 병사들처럼 매섭게 달려가는 그럴 듯한 스티로폼 알갱이들
산다는 건
바람에 휩쓸리는 스티로폼 알갱이 같은 것이 아닐까

아버지

아버지는
가난으로 웃음을 잊고 사신 분이셨다
그런 아버지가 웃고 계신다

찾아오는 사람마다
무거운 얼굴로 국화 한 송이씩을 올리는
제단의 사진 속에서

인생, 별거 있다? 없다?

손때 묻은 300원 자판기 커피로 충분하던 인생 하나가
원두커피 석 잔을 사 오며
"인생 별거 없다!"라고 새로운 이치를 깨닫기나 한 것처럼 외쳤다
인생 격 좀 높이며 살자고 한마디를 더 보태는 동료의 침 튀기는 역설에 기어코 웃음이 터져 나왔다

인생
정말 별거 없는 건가
별거 있는 건 아닌가

동료는 정말 인생이 별거 없다는 믿음으로 그런 말을 하지는 않았을 것이다
어쩌다가 형편을 넘어서는 소비의 기로에 섰을 때
'인생 별거 없다'를 주문처럼 외우며 그만큼의 행복을 느껴보는 것 잘못하는 것일까

죽음보다 못한

탈 때부터 내릴 때까지
한마디 말도
손 한번 내밀지도 않고
스마트폰만 들여다보는 젊은 여자

반쯤 굳은 노인에게
대놓고 하는 학대

며느리일까
천부당만부당 딸일까

뜻대로 움직일 수 없는 몸이 되었다면
당장이라도 거두어가는 하늘의 부름이 있기를

작은 기억 하나

나의 재산은 백장 묶음 열 다발
친구는 스무 다발
또 다른 친구는 쉰 다발

몇 몫 깔아놓은 딱지 앞에
누구는 한 다발
나는 반 다발
계급이 높으면 따고 낮으면 잃고
조마조마하던
딱지 접기라고 하던 딱지 따먹기
고물 장수 아버지의 노름판이 거기 있었네

딱지만 많아도 부자였던 시절
스무 다발, 쉰 다발 가졌던 친구들
지금도 부자처럼 살까
궁금해지는 요즈음

모든 일이 만족스러우면

친구와 통화 중인 아가씨

남자를 두 번째 만난 오늘
처음 만났을 때보다 훨씬 괜찮아 보였고
성과급도 생각보다 많이 나왔고
동생도 이름있는 대학교에 합격했고
오늘 있었던 모든 일이 만족스러운 아가씨의 독특한 웃음소리
우후히히하하하

죽음의 완성

언제쯤이었을까
저마다의 삶이 끝났던 날은
육신은 원점으로 돌아간 지 오래
껍데기만 남아
하고많은 날 모래알들 소일거리 되어 깎이고 깎이다가
젊은 주검들에 밀리고 밀려
히말라야 만년설같이 눈부신
더 바랠 수 없는 백골들의 언덕이 된
변산 백사장 귀퉁이의
아직도 갈 길 먼 조개껍데기들

햇볕 좋은 날
어림도 못 할 세월에 다가온 바람이
준비를 끝낸 윗자리 백골 분粉 한 겹을 걷어
휘익
허공에 날리는가 싶더니
시력을 모으는 사이
흩어져 사라진다

가장 오래된 죽음이 완성되는 순간

진눈깨비

말을 하지 않았을 뿐 진눈깨비는
크리스마스이브의 눈처럼 세상에 기쁨을 주고 싶었다
한 폭의 겨울 동양화처럼 세상에 포근하게 쌓이고 싶었던 것
이다

진눈깨비는
사랑 잃은 사내의 슬픔처럼 추적추적 내리는 자신이 싫었다
비관하듯 세상으로 추락하는 자신이 미웠던 것이다

상심한 진눈깨비는
달려오는 차창에
자신을 사정없이 내던져 깨어지고 있었다

정겨운 소리

겨울 한 밤 부엉이 소리
성탄절 교회당 종소리
산사의 풍경 소리
아기의 옹알이 소리
얼음장 밑을 흐르는 시냇물 소리
가을밤 귀뚜라미 소리
첫눈의 뽀드득 소리
울타리 밖으로 들리는 다듬이 소리
처마에서 떨어지는 빗방울 소리
느티나무 평상에서 듣는 매미 소리

바라건대

어제처럼 일하다가
아무렇지 않게 일하다가
풍선이 터지듯
팍!
그렇게
단번에
저세상 길을 가기를

할 말도 미련도 많겠지만
후회는 않겠습니다
아내도 자식도 열심히 일만 하다가 갔다고 슬퍼해 주기를
나를 기억하는 사람들도 그런 나를 안타깝게 생각해 주기를
이기적이라 해도 그렇게 생각해 주기를

바라건데
팍!
하고 가는 그런 멋진 삶이 되기를

홈 스윗 홈

몽당연필처럼 짧아지는 송년 모임
올해는 부쩍 더 짧아졌다

인파를 거슬러 집으로 가는 길
출렁이는 인파 틈
을미乙未 갑장甲長쯤 사내들의
호기롭게 껄껄댐이
몇 잔 술의 힘만이 아니길 바란다

저만큼 보이는 아파트 창의 불빛
이른 귀가를 반길 아내의 환한 얼굴
가슴에 품은 한 봉지 군고구마가 발걸음을 재촉한다

동료의 심장마비 죽음에

스스로 몸 굴려 먹고사는
강요하지도
강제하지도 않는 직업
개인택시

아침은 톱니바퀴처럼 어김이 없고
삶은
메워도 메워도 메워지지 않는 블랙홀
밀어 올려도 밀어 올려도 굴러떨어지는 시지포스의 바위

기다리던 태국행 비행기가 사흘 후면 뜨고
잘 키운 딸 하나 날을 잡아 놓았는데
그 사이를 못 견디고
쉬지 않는 톱니에
블랙홀 같은 구멍에
굴러떨어지는 바위에
돌아오지 못할 길 가 버린
한창나이 쉰여덟

가장의 무게
마음대로의 직업인데
그것 때문이었을까

시간은 힘이 세다

세상을 찢는
철판을 다듬고 자르는 그라인더 소리
그럼에도 멀쩡한 고막의 불가사의

갈라진 벽을 파고든 빛
확인되는
철판을 도장塗裝하는 페인트 입자들
함께 도장되는
두 구멍 코, 기도, 그리고 폐

그런 어느 순간
그라인더에 튕긴 철판 작업재에
모세의 홍해紅海처럼 쩍 갈라진 손목
드러난 푸른 동맥과 맥박

시간은 힘이 세다
50년도 더 된 여덟 바늘의 흔적
그 아픔도 그리워하게 하는 시간은
정말 힘이 세다

운 좋았던 날

내린 눈이 얼음덩이 되어
몇 날 며칠 자리를 지키던
유릿장 같던 추위

서두르다 미끄러져
허공에 떴다가 오지게 바닥과 충돌한 뒷머리
무수한 별이 반짝였지만
죽지 않았다는 증거

오갔던 저승과 이승
지하 주차장까지 살짝 빙판 만들어 놓고 기다리던 저승사자가
졸았거나 딴생각했거나

운 좋은 날이었다
감사하고도 남을 날이었다
제삿날이 비껴갔다

껍데기들

저렴한 기사식당 고마운 점심을 먹고 한숨 돌리니
살아나는 입심들

좋은 세상 만들어 주겠다는 높은 분들 말씀에도
고마워할 줄 모르고
핏대 세우고
목청 돋우는
완전한 껍데기 몇

배 속이 든든해지니
함께 모여 있으니
착각하는 것일까

괜찮은 줄 알고
살아있는 줄 알고

그야말로 꿈

은퇴하면 하고 싶은 거 해 볼 거야
내 인생 보상이라 생각하고 꼭 해 볼 거야
열심히 살았잖아
그러니까 한 번은 그렇게 해 보겠다는 거지
진짜로 한번 해 볼 거야 근사하게

안 될걸
아마 안 될걸
마누라 모르는 통장이라도 있어?
무슨 돈으로 그렇게 할 건데?
마누라한테 용돈 받아 하려고?

에라이, 쯧쯧…

수인 산업도로에서

휩쓸리고 휩쓸리다 가까스로 붙든 옹벽 틈
붙든 것을 움켜잡고 휩쓸리는 것들을 잡아주었다

그렇게 잡은 터
고맙기만 하던 비가 야수 되어 덮치기도 했지만
잡아주었던 홀씨가 뿌리내려 지켜낸 터전

꺼칠했지만 홀씨는 그늘도 만들었고
볼품 없는 꽃도 피웠고
구실할까 싶은 열매도 맺었다

한 덩이 잡초와
잡초를 지탱하는
휩쓸려 부랑하던
과거를 짐작할 수 없는 알갱이들과 먼지들

절망의 끄트머리
살아있음으로 살아내는
불가능한 희망의 간절함

손 내밀 곳 없는

절해고도와 벗할

황량 삭막

점점으로 늘어선 점점 잡초의 성城

수인 산업도로

정답을 찾다

골목으로 진입해 들어갔을 때 골목 안 우측에서 꺾어 나오는
승용차 모서리가 보였다
잠깐 기다리라고 가볍게 "빵" 경음기를 울렸다
주춤하는 것 같더니 그대로 꺾어 나온다
아니, 어쩌려고
"빵빵" 경음기를 울렸더니 모퉁이를 완전히 돌아 가속까지 해
범퍼가 닿을 정도로 차를 붙였다
도대체 이게 무슨 상황인가
상대는 마음대로 해 보라는 듯 창문까지 내리고 담배를 꼬나
문다
이럴 수도 있는가
30대 초쯤 두 놈
숨을 크게 들이마셨다
정상으로 세상을 사는 놈들이 아닐 것이다
룸미러를 보니 어느 사이 뒤에 차가 붙어있다
진퇴양난
다행히 뒤차가 후진해 주었다
빠져나가면서 뭐라고 손가락질까지 하는 놈

도대체 뭐가 잘못된 걸까
한참 내 잘못을 찾다가
동영상처럼
트렁크에 야구방망이를 가지고 다니기로 했다

선자령에서

선자령 능선의 두터운 백설이
사금파리에 튕긴 빛보다 눈부시다

동해를 달려 비탈을 세차게 오른 2월 삭풍이
눈 한 겹을 휘익 걷어
얼굴을 거칠게 때린다

죽어 있었던가
살아 있음의 전율

함성처럼 기립한 세포들
진군의 북소리 같은 심장 소리
만파萬波로 밀려오는 삶의 희열

삶이란
방점傍點을 찍지 않으면
그저
죽은 듯 낮게 엎드려 숨만 쉬는 연속

백세시대

백 세를 산다는 시대
백 세는 공짜로 사는 것이오?
백 세는 저절로 살게 되는 것이오?

지금도 코 꿴 소처럼 일터로 향하는데
백 세는 저절로 사는 것이오?
백 세를 살아내려면
안 쏟아도 될 코피를 쏟을 것 같아
주어진 몫만큼 살다 가려니
이러쿵저러쿵
백세시대라고 앞장서 스트레스 주지 마소
살 만한 사람들이나 살다 가소

빙판 같은 세상

일전에는 후배가
어제는 친구가 갔다

주저앉고
넘어지고
엎어지는 일이 다반사인 세상

면 포에 덮여 나가지만 않으면 된다
하얀 면 포에 덮여 나가지만 않는다면
넘어지고 엎어진들 어떠랴
빙판 같은 세상에서

슬픈 날개

닿지 않는 앙상한 날개가
등 언저리를 토닥이고
호옥-
토해진 짧은 숨에
착각한 저승사자가 달랑 안고 갈 것 같다

더 가벼워지려 기억마저 지워가는 육신
하늘에 오르기를 노래하지만
하늘은 두고 보는 중

흐린 눈 다시 들어갈 길을 가늠하고
앞서는 마음이 몸을 다잡는다

세상 무게 다 받아내던 두 팔이
파닥이는 날개 되어
시간을 밀어내며 아들 둥지로 향한다

다시 비껴가는 저승사자의 눈

절규

의식儀式처럼
서두르지 않는

고립무원孤立無援
눈 뜬 채 감당하는
비명이 허공에 넘쳐도
계속되는

죽고 죽어
몇 번을 다시 죽어
존재가 마지막 가는

식탁 위
세 마리 조기의 공포
뭉크의 그림 같은
절규

아내가 예뻐 보였다

두주불사 꿈을 꾸는 나는
구석이 좋은 남자
잊히고 싶은 남자
한 잔 술에 쩔쩔매는 쩨쩨한 남자

임자 만나 두꺼비 한 마리
얌전히 비켜 서 있던 전봇대도
모든 것을 꿰던 익숙하던 길도 시비하고 나섰다
때마침
마중 나와 준 아내 구박받으며 집으로 가는 길
눈 흘기며 팔짱 낀 아내가
바위보다 든든했다
오랜만에 예뻐 보였다

방어

유리 벽을 박고 또 박았을
피 멍든 주둥이가
좌절하지 않았음을 말해 준다

수조 안을 돈다
물이 돌아 따라 돌 뿐
의미는 없다

뜰채가 쫓는다
겁날 것은 없지만 그래도 피한다
삶은 아무렇게나 포기해서는 안 되는 것이므로

도마 위
범벅 된 피비린내
초월한 수도승처럼 몸을 맡겨도
단막單幕되어 스치는 회한의 날들

정신이 아뜩해지는데

빛을 튕겼다가 머리를 향해 날아오는 무엇

탁!

보시報施

저것 좀 봐
저렇게 토막을 쳐도 피 한 방울 나지 않아
춤추는 것 좀 봐
참기름을 뿌려주면 더 팔팔해져

다시 못 올 목숨을 두고
날아갈 듯 가벼운 말들

아는가
단면을 덮는 기름막의 고통을

춤을 추리라
군침이 고이도록

보시라 생각하리라
있는 힘을 다 해

노크

끝까지 다가서고 다가섰던 것은
삶을 끝내기 위한 노크였을 뿐
삶의 투지도 미련도 아니었다

죽음은
부서지고 부서지며 두드리는 노크를
장승처럼 내려다보며
한 움큼 삶의 미련도 아쉬움도 없도록
끈질기게 기다려 주었다

노크는 받아들여졌고
안간힘으로 다가서던 삶은
가지를 놓아버린 한 잎 낙엽처럼
가파르던 발끝에 편안하게 놓여졌다

묵묵 적막 끝없이 어둑한 저승
두렵기는 했어도 고통을 끊어준 죽음은
저승으로 가는 외길목의
더없이 충직한 문지기였다

「시 해설」

삶의 흔적은 고스란히 남아

신현미 _ 평론가, 서평가, 수필가, 아동문학가

우선, 신경윤 시인의 첫 시집 『600그램의 시』 출간을 진심으로 축하드립니다. 시집 출간에 앞서 주변에 친분 있는 평론가도 많았을 텐데, 제게 시 해설을 의뢰해주신 것에 대하여 깊은 감사의 마음을 담아 160여 편의 시를 읽고 또 읽었습니다. 보통 시집에 싣는 시의 분량은 대략 80편 내외 정도 됩니다. 많아도 100편을 잘 넘지 않습니다. 그런데 신경윤 시인은 소중히 간직하고 있던 시들 중 160여 편을 추려 한 번에 풀어놓았습니다. 여기서 시인이 얼마나 욕심이 없고 계산적이지 않은 순수한 분인지가 증명됩니다. 더 많은 시집을 발간한 시인이 되려면 두 권으로 나눠 내면 됩니다. 대개는 그렇게 하니까 말이지요. 그러나 시인은 그러지 않았고, 저는 그런 시인의 순수한 열정을 존중합니다.

현대인의 인생 주기를 살펴보면, 유치원생 이전까지를 유아기, 유치원생과 초등학생을 아동기, 중고등학생을 소년기, 19~35세를 청년기, 35~45세를 장년기, 45~55세를 중년기, 55~65세를 황혼기, 65세 이상을 노년기라고 합니다. 고령화로 100세 시대에 접어들었으니 이제는 노년기도 3단계로 나뉩니다. 65~70대는 애노인, 80대는 중노인, 90대가 돼야 진정한 노년이 됩니다. 주변의 65년 이상 노년기 어르신들을 살펴보면 딱 맞는 구분 같습니다. 60대를 노인이라고 하기엔 서로 민망할 만큼 다들 너무나도 젊습니다. 인생은 60부터라는 말도 있듯이 미용, 운동, 식단, 건강 등 자기관리를 철저히 잘하시는 분들을 보면 노인으로 보이지 않고 이제 막 황혼기에 접어든 중년들처럼 보입니다.

외모상 절대 그렇게 보이지는 않지만, 이제 나이상으로 황혼기와 노년기의 경계에 있는 시인은 그간의 흔적과 앞으로의 준비를 『600그램의 시』 안에 모두 담아놓았습니다. 시집은 크게 네 파트(PART)로 나뉩니다. PART1은 새싹, 꽃, 아침 등의 소재로 인생의 봄 같은 청년기를 노래합니다. PART2는 팔월, 달팽이, 여행 등의 소재로 여름 같은 장·중년기를 이야기합니다. PART3은 낙엽, 지팡이, 노을 등 가을 같은 황혼기를 읊조립니다. PART4는 월동, 추억, 죽음 등 겨울 같은 노년기를 준비합니다. 전 주기를 아우르는 시인의 노래에는 우리가 늘 보고 듣고 만지고 느끼던 작고 소소한 일상이 들어 있습니다. 그래서 "암만 그렇고말고" 공감하게도 하고 "어떻게 이런 표현을?" 감탄하게도 합니다.

폭죽 터지는 봄입니다.

시인에게 봄은 "레지스탕스처럼 독립군처럼 암약하던, 무쇠도 튕겨내던 땅 밑 세상은, 환호로 가득(14p. 옷깃을 여미는 3월 中)" 하더니 "어디서 봄소식을 들었는지, 담벼락 아래가 명당자리라는 것을 어떻게 알았는지, 신통하게도(12p. 새싹 中)" 새싹을 틔웁니다. 그러나 "다시 차가워진 바람에, 뒷산 능선의 고개 돌린 진달래 모습이, 마음 접고 돌아선 여인보다 차갑다(16p. 꽃샘바람 中)"는 꽃샘추위로 휘청입니다. 그래도 새색시 같은 진달래, 제 모양에 취한 철쭉, 하늘나라 페인트 통에서 쏟아진 벚꽃, 한 무더기 섬 같은 수수꽃다리, 나른한 파티에 빠진 라일락은 "그냥 지나쳐 버릴 것 같은, 연착한 열차처럼 내달리는 봄, 조바심치며 기다려 왔던 날, 스프링처럼 들고 일어나, 폭죽같이(22p. 봉기 中)" 일제히 터집니다. 환장할 청춘입니다.

밤을 묵묵히 지켜주던 달, 희망을 가져다주던 태양, 꿈을 잃지 말라고 반짝이던 별들의 도움 받아 성황을 이루던 잔치도 이제 끝나고, 봄은 마치 "바통 받아들면 돌아보지 않는 주자처럼, 어명 받든 파발처럼, 저만큼 벌써 마중 나온 여름 향해(p30. 달려가는 봄 中)" 급히 달려가다가, 총 맞은 시신처럼 누워버린 꽃잎들과 발아래 어지럽게 흐트러지는 꽃잎들, 그리고 때늦게 피어나는 생뚱맞은 꽃잎들로 잠시 길을 잃습니다. 그래도 마냥 어둡게만 느껴지던 밤이 지나고 경이로운 아침이 밝아옵니다. "잠들었던 여섯 시간, 밤엔 더 치열했었나보다, 그렇지 않고서야, 창에 가득한 햇살이 저렇게 환호할 리 없다" 간밤의 몸서리쳐지는 어둠을 이겨내고 좀 더 성숙해진 봄은 성년의 문턱에서 슈퍼맨을 꿈꿉니다.

공갈빵 익어가는 여름입니다.

작열하는 여름 태양 아래 여기저기 붙어 느릿느릿 이동하는 달팽이 떼를 발견한 시인은, 가족 부양의 시기에 해당하는 장·중년 가장의 힘들고 무거운 삶을, 달팽이에 전이합니다. "길 떠났던 일가족, 재촉한 담 끝은 멀기만 한데, 차곡차곡 등에 쌓이는 따가운 햇볕, 외길, 벽돌담 위, 햇볕 가득한 제자리 달팽이 일가, 세상 어디에 낙원이 있다고(56p. 낙원 찾아 中)" 무엇 때문에 저리 느릿느릿 기웃기웃 힘겹게 이동하는 걸까요? 가도 가도 그 자리가 그 자리 같은 길을 밤낮없이 움직이지만, 영문도 모른 채 밟히기도 하고, 한순간 방심하여 추락하기도 합니다. 그래도 이왕 나선 길은 외길이라 되돌아올 수도 없습니다. 세상 어디에 있을지 없을지 모를 낙원 찾아 전진할 뿐입니다. 그게 삶입니다. 달팽이의 삶이고 우리의 삶입니다.

8월 더위 같은 삶을 고군분투 견뎌왔어도 결국 자신이 "묵직 쫄깃한 베이글이 되려 했지만, 엉성한 빵이 되어가다가, 끝내 텅 빈 껍데기가 된(p74. 공갈빵 같은 中)" 공갈빵 같다고 여겨진 육십 중반의 시인은 마음을 바꿔 먹습니다. 하루살이보다 나을 것도 없는 인생이라면, 하고 싶은 대로 하며 살아보기로 말입니다. 그래서 "박차고 문을 나서라, 혈압 당뇨약 먹는다고 겁먹지도 마라, 아침에 일어나지지 않는다면 늦잠도 좀 자고, 어제 쉬었어도 몸이 무겁다면 하루 더 쉬고, 조금 더 벌어 보려 서둘러 일터로 나가는, 못난 짓거리도 이제 그만해라, 맛있는 것도 먹어보고, 좋은 구경도 하고, 여자들처럼 예쁜 카페 가서, 점잔 떨지 말고 수다를 떨어라, 그러고도 시간이 남으면, 그때 일을 해라(p64. 육십 중반 즈음이면 中)"라며 허공에다 새김질합니다.

지팡이가 절실한 가을입니다.

기세등등하던 여름의 따가운 눈총을 피해 슬그머니 들어서던 가을은, 여름 다독여 보내야지, 겨울 한파 맞을 준비 해야지, 이래저래 분주합니다. 그러느라 하늘과는 멀어지고 마음은 어둑어둑 깊어집니다. 간당간당 힘에 부친 노쇠한 세포들은 낙엽처럼, 눈물처럼 아래로 아래로만 흐릅니다. 가을은 시인을 닮았습니다. 그래서 "깊어도 씨앗 하나 살리지 못할 건조

한 이마의 고랑과, 엄마 젖 빨던 그때 이후 처음 만난 보드라운 아래위 두 잇몸과, 저만치 듬성듬성 거리를 둔 파뿌리 머리칼과, 부릅떠도 소용없는 희미한 세상과, 공 안 들여도 떨어지는 살이었던 비늘들과, 알면 불편해지는 세상과, 두 다리보다 소중해진 지팡이(p104. 깨달음 전문)" 모습의 약한 노인으로 변해가는 자신의 모습을 있는 그대로 수용하려 합니다.

지팡이는 사람 다리 길이 정도 되는 막대기로, 노인이나 장애인 등 걷기에 도움이 필요한 사람들이 주로 사용합니다. 터를 잡는다는 뜻의 '지팡이 짚는다'(속담)로 활용되기도 하고, 누군가에게 의지가 되는 '지팡이 같은 사람'으로 쓰이기도 합니다. 그만큼 지팡이는 그것을 필요로 하는 이에게 소중한 물건입니다. 그래서 시인은 "다리 하나가 보태진다는 것은, 남았던 세상 하나가 펼쳐진다는 것(p108. 지팡이 中)"이라는 초월적 상상력으로 "힘이 넘치는 척해라, 언제나 골골하는 놈부터 들어내니까(113p. 수족관 中)"라며 건강을 단속하고, 여전히 마음만은 청춘이라 "납덩이 된 가슴이, 국화 닮은 그녀 앞에, 다시 잠자리 소년 되어(121p. 동창회 中)" 가슴 설레게 하는 동창회도 열심히 출석해 남은 가을을 불태웁니다.

스티로폼 날리는 겨울입니다.

준비된 이에게 두려움은 없습니다. 오히려 어서 오기를 기다리게 만들기도 합니다. 겨울맞이를 코앞에 둔 시인의 상황입니다. "옷깃을 세우게 하고 몸을 움츠리게 하는 찬바람이 휘잉 불어 주어야겠다, 매서운 바람이라면 더 좋겠다, 그래야 그 바람 속을 걸어 창가에 마른 꽃이 걸린 '그 겨울의 찻집'을 찾게 될 테니까(p146. 다만, 나는 中)" 당당합니다. 그런 자신감은 필요 없는 것을 비워내고 필요한 것만 남길 줄 아는 삶의 내공에서 나옵니다. 겨울을 이겨내기 위해서는 많은 것이 필요하지 않습니다. "크거나 작거나 가리지 않고 딱 한 뼘, 마르거나 뚱뚱하거나 딱 한 뼘, 겨울을 이겨내는 것은 오로지, 딱 한 뼘, 배꼽을 가린 볏짚의 힘(151p. 월동 中)"입니다. 그리고 하나둘 잊혀 가는 기억이 절대자에 뜻에 따라 바람에 휩쓸려 사라지는 스티로폼 알갱이 같다며, 그 또한 아름답다고 말합니다.

그래서 시인은 죽음을 "햇볕 좋은 날, 어림도 못 할 세월에 다가온 바람이, 준비를 끝낸 윗자리 백골 분 한 겹을 걷어, 휘익, 허공에 날리는가 싶더니, 시력을 모으는 사이, 흩어져 사라진다, 가장 오래된 죽음이 완성되는 순간(p166. 죽음의 완성 中)"으로 보기도 하고, "어제처럼 일하다가, 아무렇지 않게 일하다가, 풍선이 터지듯, 그렇게, 단번에, 저세상 길을 가기를, 그런 멋진 삶이 되기를(p170. 바라건대 中)" 바라는 호기를 부리기도 합니다. 그러나 먼저 간 동료와 가족의 장례 앞에서 숨죽여 오열하고, 식탁에 오른 뭉크의 절규 모양을 한 조기 앞에서 처연해지기도 합니다. 그래서 빙판 같은 세상 살면서 넘어지고 엎어지더라도 하얀 면포에 덮여 나가지만은 않기를 또 기원해봅니다. 시인의 인간적 갈등에 숙연해집니다.

시인은 지금까지 열심히 살아왔으나, 뒤돌아보니 부친에게 지어진 돼지고기 600그램이라는 삶의 무게보다 나아진 게 없는 자신의 처지에, 속 텅 빈 공갈빵처럼 허망한 마음이 들기도 하지만, 그래도 동경하던 문인의 길에 들어서 지금껏 느리더라도 천천히 외길만 걸어온 끝에, 지난 시간이라는 시집 한 권의 무게로 대체합니다. 그래서 노년이라는 낯선 길 앞에 두려움 대신 당당함을 얻습니다. 시집 『600그램의 시』에 담긴 160여 편의 시들은 폭죽 터지는 봄을 거치고, 공갈빵 익어가는 여름을 보내고, 지팡이 절실한 가을을 지나, 스티로폼 날리는 겨울을 준비하는 동시대 사람들, 특히 가장들에게 많은 공감과 위로를 줄 겁니다. 그리고 다음의 시처럼 공동기도를 올리게 되겠지요.

저 아래 차가운 바닥에 닿기 전
살아온 삶이 가치 있었음을 깨닫도록
천천히
아주 천천히
내려앉도록 해 주소서

거친 바람에 휩쓸려
먼 곳으로 날리지 않도록
꿈을 키우던 자리에
뒹구는 행복을 주소서

청소원의 성실함과 부지런함에
서둘러 쓸려가는 슬픔을
저만큼
아주 저만큼 늦추어 주소서

– 낙엽의 기도(p.136) 전문

600그램의 詩

초판 발행일 2022년 11월 1일

지은이 **신경윤**
발행인 **김미희**
펴낸이 **몽트**

출판등록 2012.12.20 제 2014-0000-38호

주소 **안산시 단원구 고잔로 23-12**
전화 031-501-2322 팩스 031-501-2321
메일 memento33@menthebooks.com

값12,000원
ISBN 978-89-6989-080-1 03810

이 책은 화성시 문화예술진흥기금을 수혜하였습니다.

경기도

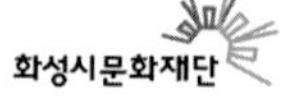

www.menthebooks.com